INHALTSVERZEICHNIS

GRUNDLAGEN

NÜTZLICHE TIPPS & TRICKS

Geiz ist schon lange nicht mehr geil, aber Sparen ist richtig cool. Und zwar cleveres Sparen. Indem man günstige, frische Zutaten kauft und diese restlos verbraucht, anstatt vorgefertigte Lebensmittel, von denen man die Hälfte wegwirft. Einfach weniger Abfall produzieren und den Einkäufen keine Chance geben, schlecht zu werden.

Dieses Buch zeigt, mit welchen Mitteln man Zeit, Energie und vor allem Geld spart, um am Ende richtig leckeres Essen auf den Tisch zu bekommen: mit cleverer Wochenplanung, Vorratshaltung und ein paar Tricks, wie man Lebensmittel maximal ausnutzen kann, um am Ende möglichst wenig wegwerfen zu müssen.

DIE RICHTIGEN PRODUKTE

Frisch gekochte Gerichte sind nicht nur gesund, sondern meist auch viel günstiger als Fastfood.

Die idealen Spar-Lebensmittel sind dabei neben Gemüse auch Hülsenfrüchte, wie Bohnen oder Linsen bzw. Kichererbsen. Diese sind nicht nur gesund, sondern eignen sich auch perfekt für den Vorrat. Eine Standarddose Kichererbsen enthält 400 g bei ca. 250 g Abtropfgewicht. Das ist genau die richtige Menge für einen Hummus für 2 Personen. Auch als Ergänzung für Salateund Bowls oder als gehaltvolle Smoothies eignen sich die kleinen Kraftpakete hervorragend. Nicht verbrauchte Hülsenfrüchte lassen sich außerdem in einer verschließbaren Clip-Box im Kühlschrank aufbewahren, so sind sie 3–4 Tage haltbar.

Dennoch heißt günstig kochen nicht automatisch, dass man zum Vegetarier oder sogar Veganer konvertieren muss! Gelegentlich ein Stück Fleisch ist vollkommen in Ordnung. Dabei sollte jedoch stets auch Qualität und Tierwohl mitberücksichtigt werden. Denn auch kostengünstige Stücke vom Tier wie verschiedene Innereien oder Füße stehen bei richtiger Zubereitung den beliebteren Stücken weder in Geschmack noch in Optik etwas nach. Wer lieber ganz auf Fleisch verzichten möchte, findet dennoch zu jedem Rezept eine vegetarische Alternative.

CLEVER EINKAUFEN

Um an der Supermarktkasse nicht so viel ausgeben zu müssen, kommt erst gar nicht zu viel in den Korb. Klingt oberschlau, ergibt aber tatsächlich Sinn. Vor allem, wenn man die eingekauften Lebensmittel zu unterschiedlichen Gerichten kombinieren kann und mit den Sachen, die man sowieso in der Vorratskammer hat, geschickt ergänzt. Dazu ist es wichtig, regelmäßig, am besten wöchentlich, eine Bestandsaufnahme zu machen: Was ist noch im Vorratsschrank und Kühlschrank und was muss als Erstes verbraucht werden? Denn die unentbehrlichsten Tools zum Geldsparen sind gute Planung, ein Blick auf die verschiedenen Wochenangebote und nicht zuletzt der Einkaufszettel! Klingt nicht besonders einfallsreich, beugt aber unnötigen Spontankäufen vor.

KREATIVE RESTEVERWERTUNG STATT WEGWERFEN

Auch so kann gespart werden: Reste clever nach dem „from root to stalk"-Prinzip verwerten. Es ist erstaunlich, was sich aus Gemüseresten noch alles zaubern lässt, die man sonst achtlos weggeworfen hätte. Z. B. können die Stängel von Kräutern genauso ins Pesto wie die Blättchen. Dasselbe gilt auch für Radieschenblätter, Kohlrabiblätter und -stiele, den Strunk von Brokkoli und Blumenkohl, die Blattrippen des Blumenkohls, die Rinde des Parmesans und noch vieles mehr!

Und für alles andere: Das große Resteessen!

Bevor wieder frisch eingekauft wird, wird alles, was wegmuss, noch zu einem kreativen Gericht verarbeiten. Geschmack und Fantasie sind dabei keine Grenzen gesetzt. Je nach Art der Reste gibt es:

- einen Freestyle-Wok
- eine Leftover-Bowl
- eine Keine-Ahnung-was-drin-ist-Suppe
- einen Quer-durch-den-Kühlschrank-Smoothie
- eine Reste-Bento-Box
- einen „Pot of the Week"
- gebackenes Ofengemüse

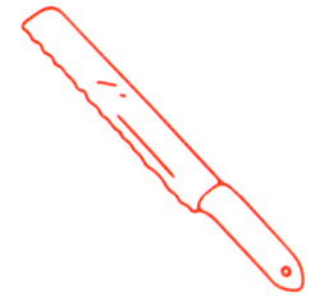

KÜHLSCHRANK-ORGANISATION

Um ein Durcheinander im Kühlschrank zu vermeiden, und vor allem ein Verderben der Lebensmittel, ist Struktur wichtig. Leg dir deswegen ein **„Zuerst-weg-Fach“** zu. Das ist ein Fach im Kühlschrank, das für die Dinge reserviert ist, die zuerst wegmüssen. Nicht nach dem Mindesthaltbarkeitsdatum, sondern nach der Nase entscheiden, was noch gut ist. Denn das Mindesthaltbarkeitsdatum bedeutet nicht, dass etwas, was gestern noch gut war, am nächsten Tag automatisch verdirbt. Also schnuppern und probieren!

Auch prüfen, was noch ausreichend vorhanden und gut ist, wie z. B. Käse oder Eier, und nicht neu gekauft werden muss. Dann geht es auch schon an die Einkaufsliste!

SPARE ZEIT, ENERGIE UND GELD

Eine richtig gute Investition ist z. B. ein Blitzhacker, mit dem man im Handumdrehen Pesto, Hummus, Gemüse-„Reis“, Nussmus u. Ä. herstellt. Mit dem Blitzhacker wird gleich doppelt Energie gespart: Erstens ist er nur für Sekunden im Einsatz, und zweitens gart klein gehacktes Gemüse deutlich schneller.

Auch clever sind One-Pot-, Pfannen- oder Wokgerichte, bei denen statt drei Herdplatten nur eine angeheizt wird.

Viele Gerichte lassen sich auch in größeren Mengen vorkochen und portionsweise einfrieren. Kartoffeln kann man z. B. gut vorkochen, so halten sie sich mehrere Tage im Kühlschrank.

KOSTENLOSE AUFBEWAHRUNGSGLÄSER

Luftdicht schließende Boxen sind praktisch und lassen sich im Kühlschrank gut stapeln. Aber ganz billig sind sie nicht – ganz umsonst hingegen sind Schraubgläser von Essiggurken, Honig oder Marmelade. Diese sind ideal für Pesto, Kräuter in Öl oder für Snacks to go.

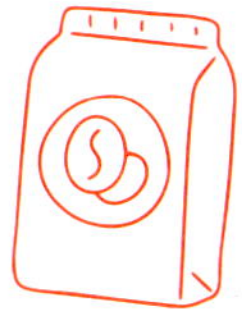

DIE RICHTIGE VORRATSHALTUNG

Fett gedruckte Begriffe sind die absoluten Basics für einen gut gefüllten Vorratsschrank. Die übrigen Zutaten lassen sich prima nach und nach aufstocken. Grundlegend gilt, dass hier absolute Küchen-Allrounder aufgezählt sind, die sich vielseitig und kreativ in die verschiedensten Gerichte integrieren lassen. Dazu lassen sich bereits aus diesem kleinen Vorrat schon einfache und günstige Gerichte zaubern, wie z. B. clevere Pastagerichte mit Thunfisch, Arrabbiata oder auch ein leckeres Käseomelett.

LANGE HALTBARE VORRÄTE

Trockene Vorräte

- **Reis, Nudeln**, Quinoa, Polenta, Bulgur, Couscous, **Haferflocken**, Speisestärke, Mehl, Paniermehl
- **Gemüsebrühpulver**
- **Zucker, Salz**
- Gewürze: **schwarzer Pfeffer**, Kurkuma, **Cayennepfeffer, Chiliflocken**, Currypulver, Paprikapulver, Muskatnuss, Schwarzkümmelsamen, gemahlener Kreuzkümmel, getrockneter Thymian

Essig, Öl & Co.

- **Rapsöl**, Olivenöl, Kokosöl,
- **Apfelessig**, Aceto balsamico
- Getrocknete Aprikosen und Datteln, Nüsse, Kakao
- Konserven: **Tomaten, Kichererbsen, Thunfisch, weiße Bohnen**, Linsen, Mais, Kokosmilch

Aus dem Tiefkühler

- Spinat, Erbsen, Beeren und **Kräuter**

MÄSSIG HALTBARE VORRÄTE

Aus dem Kühlschrank

- **Butter**
- **Eier**
- **Naturjoghurt**
- Frischkäse
- Frühstücksspeck
- Hartkäse nach Wahl
- **Milch**
- **Senf**
- **Sojasauce**
- **Tomatenmark**
- **Sambal Oelek**
- Indische und/oder Thai-Currypaste
- Oliven
- Kapern
- **Zitronen**

Aus dem Gemüsekorb

- **Zwiebeln**
- **Knoblauch**
- **Kartoffeln**
- **Äpfel**

REZEPTE

SCHNELLE *Erbsensuppe*

FÜR 2 PORTIONEN

- 2 mehlig kochende Kartoffeln (ca. 350 g)
- 1 Zwiebel
- 1 Knoblauchzehe
- 30 g Butter
- 200 g Sahne
- Salz
- Pfeffer
- 1 frisch geriebene Muskatnuss
- gemahlener Kreuzkümmel
- 1 Lorbeerblatt
- 400 g TK-Erbsen

SO GEHT'S

1 Die Kartoffeln schälen und in grobe Würfel schneiden. Die Zwiebel und den Knoblauch ebenfalls schälen und fein würfeln. Die Butter in einem Topf schmelzen und Kartoffeln, Zwiebeln und Knoblauch darin anschwitzen.

2 Mit Sahne ablöschen, den Becher anschließend zwei Mal mit Wasser auffüllen und ebenfalls dazugeben. Mit Salz, Pfeffer, Muskat und Kreuzkümmel abschmecken. Das Lorbeerblatt dazugeben und alles so lange kochen, bis die Kartoffeln gar sind.

3 Dann das Lorbeerblatt herausfischen und die Erbsen dazugeben. Alles erneut aufkochen und anschließend mit einem Stabmixer pürieren. Wenn die Suppe noch etwas zu dick ist, noch einen Schuss Wasser hinzufügen. Ein letztes Mal mit den Gewürzen abschmecken und servieren.

CREMIGE *Linsensuppe*

FÜR 4 PORTIONEN

- 2 kleine Zwiebeln
- 1 Möhre
- 1 Apfel
- 100 g rote Linsen
- 30 g Butter
- 2 TL Currypulver
- 1 EL rote Currypaste
- gemahlener Zimt
- 1 Dose Kokosmilch (400 g Füllgewicht)
- 1 Dose stückige Tomaten (400 g Füllgewicht)
- ½ Bund Koriandergrün
- 1 Frühlingszwiebel
- Salz

SO GEHT'S

1 Die Zwiebeln und die Möhre schälen und in Würfel schneiden. Den Apfel waschen, vierteln, vom Kerngehäuse befreien und ebenfalls würfeln. Die Linsen unter kaltem Wasser abspülen, bis das Wasser klar ist.

2 Die Butter in einem Topf schmelzen und den Apfel mit der Möhre darin anschwitzen. Currypulver und -paste sowie 1 Prise Zimt dazugeben, kurz mitrösten und anschließend mit der Kokosmilch und den Tomaten aufgießen. Die Dose mit einem Schluck Wasser füllen, um so die Reste zu lösen, und in die Suppe gießen. Die Linsen dazugeben und unter gelegentlichem Rühren zum Kochen bringen. Sobald das Gemüse gar ist, die Suppe mit einem Stabmixer pürieren.

3 Den Koriander waschen, trocken schütteln und grob hacken. Die Frühlingszwiebel waschen, putzen und in feine Ringe schneiden. Die Suppe mit Salz abschmecken und mit dem Koriander und den Frühlingszwiebeln garnieren.

SELLERIEPÜREE

mit Speck-Topping

FÜR 2 PORTIONEN

- 500 g Knollensellerie
- 3 EL Olivenöl
- 4 Scheiben Frühstücks-speck
- 2 EL Sonnenblumenkerne
- 60 g Doppelrahm-Frischkäse
- Salz
- Pfeffer
- Cayennepfeffer

SO GEHT'S

1 Den Sellerie schälen, waschen, trocken tupfen und in 2 cm große Würfel schneiden. In einer Pfanne das Öl erhitzen, den Sellerie darin farblos andünsten. Die Temperatur auf niedrige Stufe reduzieren und den Sellerie zugedeckt in 20 Minuten sanft dünsten, ohne dass er Farbe annimmt.

2 Inzwischen eine kleine Pfanne auf mittlerer Stufe erhitzen, den Speck ohne Fett 5 Minuten sanft braten, wobei ein großer Teil des Fetts austritt. Danach wenden und weitere 3 Minuten braten, die Temperatur evtl. weiter reduzieren. Speck herausnehmen, auf Küchenpapier abtropfen und fest werden lassen. Das Fett aus der Pfanne wischen und anschließend die Sonnenblumenkerne darin goldbraun rösten, herausnehmen und abkühlen lassen. Den Speck zerbröseln und mit den Sonnenblumenkernen mischen oder zusammen im Mörser grob zerstoßen.

3 Den Sellerie aus der Pfanne nehmen, das Öl abgießen. Den Sellerie in einen schmalen Becher geben, unter der Zugabe von Frischkäse mit dem Stabmixer fein pürieren, mit Salz, Pfeffer und Cayennepfeffer pikant abschmecken. Auf zwei Teller geben und mit dem Topping bestreuen.

Variante: Wer auf den Speck verzichten möchte, kann ihn durch 50 g gewürfelten Räuchertofu ersetzen, der in 2 TL Olivenöl knusprig gebraten und dann mit den Sonnenblumenkernen gemischt wird.

TIPP

Die Menge Öl ist nur notwendig, um den Sellerie zu garen, wird aber nicht vom Sellerie aufgesogen. Das Öl kann noch sehr gut wiederverwendet werden.

ONE-POT-
Reis

FÜR 4 PORTIONEN

- 1 Zwiebel
- 2 Möhren
- 1 Knoblauchzehe
- etwas Öl zum Braten
- 300 g Basmatireis
- 600 ml Gemüsebrühe
- Salz
- Pfeffer
- 1 EL Currypulver
- gemahlener Zimt
- 50 g Rosinen (alternativ anderes Trockenobst, nach Belieben)
- 50 g Mandeln (alternativ Haselnusskerne)
- 40 g Butter

SO GEHT'S

1 Die Zwiebel schälen, halbieren und in ca. 5 mm dicke Streifen schneiden. Die Möhren ebenfalls schälen und in Stifte schneiden. Den Knoblauch schälen und in Scheiben schneiden. Öl in einem Topf erhitzen und das Gemüse darin kurz anschwitzen.

2 Dann den Reis, die Brühe und alle anderen Zutaten hinzugeben. Auf höchster Stufe zum Kochen bringen, anschließend die Hitze auf kleinste Stufe reduzieren und den Reis ca. 15 Minuten bei geschlossenem Deckel ziehen lassen.

TIPP

Gewürze wie Nelke, ein Lorbeerblatt, Piment oder ein kleines Stück Ingwer eignen sich besonders gut, um dem Reis das gewisse Etwas zu verleihen.

LINSENCURRY

mit Ananas

FÜR 4 PORTIONEN

- 4 mittelgroße Zwiebeln (je ca. 70 g)
- 4 Knoblauchzehen
- 1 Stück Ingwer (ca. 5 cm, nach Belieben)
- 400 g frische Ananas
- 4 Frühlingszwiebeln
- 4 EL Rapsöl (alternativ Kokosöl)
- 5–6 TL Currypulver
- 2 Dosen Linsen (500 g Abtropfgewicht)
- 300 ml Gemüsebrühe
- 100–150 g Kokosmilch (alternativ 20 g Instant-Kokospulver)
- Salz
- Pfeffer
- Chiliflocken (nach Belieben)

SO GEHT'S

1 Die Zwiebeln schälen, längs halbieren und quer in Streifen schneiden. Knoblauch und Ingwer schälen und klein hacken. Den Strunk der Ananas entfernen, die Ananas schälen und klein würfeln. Frühlingszwiebeln waschen, putzen und in Ringe schneiden.

2 Die Zwiebel im Öl glasig andünsten, Knoblauch und Ingwer hinzugeben und kurz anschwitzen. Die Ananas zugeben und 3 Minuten unter gelegentlichem Rühren ebenfalls andünsten. Mit zunächst 1 TL Curry bestreuen und gut mischen.

3 Dann Linsen und Brühe zugeben. Aufkochen und die Kokosmilch bzw. das Kokospulver einrühren. In 3–5 Minuten sämig einkochen. Mit Salz, Pfeffer, evtl. mehr Currypulver und Chiliflocken pikant abschmecken und mit den Frühlingszwiebeln bestreuen.

TIPP

Die Reste der Ananas lassen sich gut einfrieren. Dazu das Fruchtfleisch klein schneiden und so in eine Lunchbox legen, dass sich die Stücke nicht berühren, alternativ geht auch ein Backblech, wenn der Gefrierschrank groß genug ist. Sobald die Ananasstücke durchgefroren sind, können sie in eine verschließbare Box gefüllt und im Tiefkühlfach gelagert werden. Alternativ kann die Ananas auch fein püriert und als Mus in einzelnen Boxen eingefroren werden, diese lassen sich toll für Smoothies oder Fruchtpüree verwenden.

BLUMENKOHLCURRY

mit schwarzen Bohnen

FÜR 4 PORTIONEN

- 1 kleiner Blumenkohl (ca. 600 g)
- Salz
- 4 mittelgroße Zwiebeln (je ca. 70 g)
- 6 TL Olivenöl
- 30 g gelbe Currypaste (Glas)
- 100 ml Gemüsebrühe
- 60 g Doppelrahm-Frischkäse
- 1 Dose schwarze Bohnen (240 g Abtropfgewicht)
- Pfeffer
- 200 g Joghurt (3,5 % Fett)
- ½ TL Chiliflocken
- ½ TL Schwarzkümmelsamen (nach Belieben)

SO GEHT'S

1 Den Blumenkohl waschen, putzen und in mundgerechte kleine Röschen teilen. In einem Topf etwas Wasser zum Kochen bringen. Einen Dampfeinsatz einhängen und die Blumenkohlröschen über Dampf in ca. 5 Minuten bissfest garen. Mit Salz würzen und ausdampfen lassen.

2 In der Zwischenzeit die Zwiebeln schälen, längs halbieren und quer in Streifen schneiden. Das Olivenöl in einer Pfanne erhitzen und die Zwiebeln darin glasig andünsten. Die Currypaste einrühren, kurz mitbraten, dann die Brühe zugeben und aufkochen lassen. Anschließend den Frischkäse einrühren. Die schwarzen Bohnen abgießen, abspülen und zugeben. Den gedämpften Blumenkohl untermischen und zugedeckt für 3–4 Minuten erwärmen. Das Curry mit Salz und Pfeffer abschmecken und in 4 Schalen füllen.

3 Den Joghurt mit etwas Salz verrühren und jeweils als Klecks daraufsetzen. Vor dem Servieren jede Schale mit je 1 Prise Chiliflocken und Schwarzkümmel bestreuen.

DEFTIGER *Rosenkohlauflauf*

FÜR 4 PORTIONEN

- 250 g Kartoffeln
- 750 g Rosenkohl
- 1 Zwiebel
- 1 kleine Knoblauchzehe
- 200 g Speck (am Stück)
- 30 g Butter
- 30 g Mehl
- 200 g Sahne
- 150 ml Gemüsebrühe
- 150 g Bergkäse (am Stück)
- Salz
- Pfeffer
- frisch geriebene Muskatnuss
- Öl zum Braten

SO GEHT'S

1 Den Ofen auf 180 °C (Ober-/Unterhitze) vorheizen. Die Kartoffeln schälen und mithilfe einer Reibe grob raspeln. Den Rosenkohl waschen, von den äußeren Blättern befreien, den Strunk etwas abschneiden und den Rosenkohl halbieren. Die Zwiebel und den Knoblauch schälen und in feine Würfel schneiden. Den Speck ebenfalls in Würfel schneiden.

2 Die Butter in einem Topf zum Schmelzen bringen, das Mehl mit einem Schneebesen einrühren, mit der Sahne und der Brühe ablöschen und einmal aufkochen. Dabei ständig umrühren. Den Käse fein reiben und in die Sauce rühren. Mit Salz, Pfeffer und Muskatnuss abschmecken und beiseitestellen.

3 Das Öl in einer Pfanne erhitzen und Rosenkohl, Zwiebeln, Knoblauch und Speck darin anbraten. Alles in eine Auflaufform füllen, mit der Sauce übergießen und alles mit den geriebenen Kartoffeln bedecken. Nochmals mit Salz und Pfeffer würzen und für ca. 25 Minuten im heißen Ofen (Mitte) garen, bis die Kartoffelkruste goldbraun ist.

Variante: Anstelle von geriebenen Kartoffeln kann auch Kartoffelpüree verwendet nehmen, um den Auflauf zu überbacken. Als Alternative zum Rosenkohl eignet sich z. B. auch Blumenkohl. Wer auf den Speck verzichten möchte, kann dieselbe Menge Räuchertofu knusprig in der Pfanne anbraten und zum Auflauf geben.

KARTOFFELGRATIN

mit Fenchel

FÜR 4 PORTIONEN

Für das Gratin
- 1 TL Fenchelsamen
- 1 Fenchelknolle
- 800 g Drillinge
- 100 ml Olivenöl
- Salz
- Pfeffer
- 1 EL Butter
- 2 EL Semmelbrösel
- 1½ Bund glatte Petersilie
- 250 g saure Sahne
- 175 g Parmesan

Für die Gremolata
- 1 Knoblauchzehe
- Schale von 1 Bio-Zitrone

SO GEHT'S

1 Den Ofen auf 200 °C (Ober-/Unterhitze) vorheizen. Die Fenchelsamen in einer Pfanne ohne Fett kurz rösten, dann fein hacken oder in einem Mörser zerstoßen. Den Fenchel waschen, putzen, das Grün abschneiden und beiseitelegen. Die Knolle in Scheiben schneiden. Die Drillinge waschen, halbieren und mit 50 ml Olivenöl, den zerstoßenen Fenchelsamen sowie etwas Salz und Pfeffer vermengen. Die Mischung auf einem Backblech verteilen und für ca. 15 Minuten im heißen Ofen (Mitte) backen.

2 In der Zwischenzeit eine Auflaufform mit der Butter ausstreichen und mit den Semmelbröseln ausstreuen. Die Petersilie waschen, trocken schütteln und zusammen mit dem Fenchelgrün fein hacken. Die saure Sahne mit etwas Salz, Pfeffer, dem gehackten Fenchelgrün und etwa einem Drittel der Petersilie verrühren.

3 Das Gemüse aus dem Ofen holen, in die Auflaufform legen und mit der Saure-Sahne-Kräuter-Mischung begießen. Den Parmesan fein reiben, 75 g davon auf dem Gratin verteilen und für ca. 20 Minuten im heißen Ofen (Mitte) backen. Dabei die Hitze auf 180 °C reduzieren.

4 Für die Gremolata den Knoblauch schälen und fein hacken. Die Zitrone heiß waschen, abtrocknen und die Schale abreiben. Den restlichen Parmesan und Petersilie dazugeben und alles miteinander vermengen. Mit 50 ml Olivenöl sowie 1 Prise Salz verfeinern.

5 Das Gratin aus dem Ofen nehmen, etwas abkühlen lassen, anschließend mit der Gremolata bestreuen und servieren.

LE CREUSET
LE CREUSET

HACKAUFLAUF

mit Kartoffeln

FÜR 2–3 PORTIONEN

- 400 g Kartoffeln
- 1 Zwiebel
- 1 Knoblauchzehe
- 350 g Rinderhackfleisch
- Salz
- Pfeffer
- 1 Ei (Größe M)
- 1 EL Mehl
- 1 TL Tomatenmark
- 1 TL Paprikapulver
- 1 TL Kräuter der Provence
- 1 TL Kreuzkümmel
- 1 Msp. Zimt
- 250 g Feta
- 1 Dose gehackte Tomaten (400 g Füllgewicht)
- Zucker

SO GEHT'S

1 Den Ofen auf 200 °C (Ober-/Unterhitze) vorheizen. Die Kartoffeln schälen, in grobe Würfel schneiden und in eine Auflaufform geben. Die Zwiebel und den Knoblauch schälen und beides in sehr feine Würfel schneiden.

2 Das Hackfleisch in eine Schüssel geben, die Zwiebelwürfel und die Hälfte des Knoblauchs hinzufügen. Mit Salz und Pfeffer würzen. Ei, Mehl, Tomatenmark und die Gewürze hinzufügen und alles miteinander verkneten.

3 Die Hälfte des Fetas in kleine Würfel schneiden. Aus der Hackmasse kleine, flache Scheiben formen, ein Stück Feta hineinlegen und zu einer Kugel formen, sodass die Fleischmasse den Feta völlig umschließt. Die Hackbällchen auf die Kartoffeln legen.

4 Für die Sauce die Tomaten mit je 1 Prise Salz und Zucker, einem kleinen Schluck Wasser und dem restlichen Knoblauch vermengen und über die Hackbällchen und Kartoffeln geben. Den restlichen Feta zerbröseln und darüberstreuen. Den Auflauf für ca. 45 Minuten im heißen Ofen (Mitte) backen.

Variante: Frische Kräuterreste wie Petersilie oder Koriander machen sich ebenfalls hervorragend in den Hackbällchen. Für eine fleischlose Alternative funktioniert der Auflauf auch mit frischem Sojahack.

HÄHNCHEN
mit Süßkartoffel-Wedges

FÜR 2 PORTIONEN

- 7 TL Olivenöl
- 2 mittelgroße Hähnchenkeulen mit Haut
- 1 TL Zucker
- 1 TL Paprikapulver
- Salz
- Pfeffer
- 2 Süßkartoffeln (je ca. 200 g)
- 2 kleine Knoblauchzehen
- Chiliflocken
- 2 TL Honig
- 2 TL Zitronensaft
- 8 Zweige Thymian (alternativ 4 Stängel glatte Petersilie)

SO GEHT'S

1 Den Ofen auf 200 °C (Ober-/Unterhitze) vorheizen. Eine ofenfeste Form mit 1 TL Olivenöl ausstreichen. Die Hähnchenkeulen am Gelenk durchtrennen, kalt abspülen, um mögliche Knochensplitter zu entfernen und trocken tupfen. Zucker, Paprikapulver, je ½ TL Salz und Pfeffer vermischen und die Hähnchenstücke damit rundum einreiben, anschließend mit 2 TL Olivenöl beträufeln. In die Form legen und im heißen Ofen (Mitte) 30 Minuten backen.

2 Süßkartoffeln schälen, waschen, trocken tupfen und in Spalten schneiden. Den Knoblauch schälen und fein hacken. Die Süßkartoffeln mit dem restlichen Öl einstreichen, mit Salz, Pfeffer, Knoblauch und 1 Prise Chiliflocken bestreuen. Nach 30 Minuten Backzeit die Süßkartoffeln zu den Hähnchenteilen in die Form legen und weitere 15 Minuten backen.

3 Den Honig mit dem Zitronensaft verrühren und das Fleisch damit einpinseln, weitere 5 Minuten backen. Inzwischen den Thymian waschen, trocken schütteln, Blättchen abzupfen und hacken. Vor dem Servieren über das fertige Gericht streuen.

Variante: Statt der Hähnchenkeulen 25 Minuten vor Ende der Backzeit ca. 500 g Hokkaidokürbis in Spalten schneiden, nach Belieben würzen, mit etwas Olivenöl beträufeln und mitbacken.

SÜSSKARTOFFELN

mit Roter Bete, Joghurt und Kresse

FÜR 4 PORTIONEN

- 4 Süßkartoffeln (je ca. 200 g)
- 2 EL Olivenöl
- 1 Knoblauchzehe
- 1 Zwiebel
- 4–5 gekochte Rote Beten (vakuumiert)
- Garam Masala (alternativ Currypulver)
- Salz
- Chilipulver (nach Belieben)
- 40 g Butter
- 4 EL Joghurt
- Kresse zum Dekorieren

SO GEHT'S

1 Den Ofen auf 180 °C (Ober-/Unterhitze) vorheizen. Die Süßkartoffeln gründlich waschen, mit 1 EL Olivenöl einreiben und auf einem Blech für ca. 40 Minuten in den Ofen (Mitte) schieben.

2 Knoblauch und Zwiebel schälen. Anschließend Rote Bete, Knoblauch und Zwiebel in feine Würfel schneiden, alles vermengen und in eine Auflaufform geben. Mit Garam Masala, Salz und nach Belieben mit Chilipulver würzen. Mit dem restlichen Olivenöl beträufeln. Die Auflaufform für die letzten 10 Minuten mit in den Ofen stellen. Sind die Süßkartoffeln gar, gemeinsam mit der Roten Bete aus dem Ofen nehmen.

3 Nun die Süßkartoffeln der Länge nach aufschneiden und etwas öffnen. Je eine Butterflocke und etwas Salz in die Süßkartoffeln geben und mit einer Gabel das Innere etwas zerdrücken. Anschließend mit dem Rote-Bete-Mix füllen. Je 1 EL Joghurt auf die Rote Bete geben und mit Kresse dekorieren.

GEFÜLLTE ZUCCHINI

mit Parmesan-Kruste

FÜR 2 PORTIONEN

- 2 feste, möglichst gerade Zucchini (je ca. 250 g)
- 4 TL Olivenöl
- Salz
- Pfeffer
- 1 Bund glatte Petersilie
- 40 g geriebener Parmesan
- 250 g Rinderhackfleisch
- 2 TL edelsüßes Paprikapulver
- 2 TL Sojasauce
- 4 TL Tomatenmark

SO GEHT'S

1 Den Ofen auf 180 °C (Umluft) vorheizen. Die Zucchini waschen, putzen, längs halbieren und das weiche Innere mit einem kleinen Löffel herauskratzen. Mit 1 TL Olivenöl bestreichen, salzen und pfeffern. In einer ofenfesten Form im heißen Ofen (Mitte) 15–20 Minuten vorbacken.

2 Inzwischen für die Kruste die Petersilie waschen, trocken schütteln und fein hacken. Dann mit dem Parmesan mischen.

3 Das restliche Öl erhitzen, das Hackfleisch etwas zerpflücken und 3 Minuten scharf anbraten, aber nicht ganz durchbraten. Herausnehmen und mit Salz, Pfeffer und Paprikapulver würzen. Sojasauce und Tomatenmark unterrühren. Die Masse in den Zucchinihälften verteilen und andrücken, darauf die Krustenmischung geben und vorsichtig festdrücken. Weitere 15 Minuten backen und sofort servieren.

Variante: Statt dem Hackfleisch 1 Schalotte würfeln, in 2 TL Olivenöl glasig andünsten. 50 g Instant-Couscous darin andünsten, ½ TL Ras el-Hanout unterrühren, mit 100 ml kochend heißer Gemüsebrühe übergießen und nach Packungsangabe aufquellen lassen. Auflockern, salzen und pfeffern. 1 kleine Tomate waschen, halbieren, entkernen, klein würfeln und unterheben. Wie oben beschrieben, die Zucchinihälften füllen, mit der Kruste bedecken und fertig backen.

TIPP

Wer will, kann der Parmesan-Kruste noch mit gehackten Walnusskernen etwas Biss verleihen.

PILZPFANNE
mit Knoblauchbrot

FÜR 2 PORTIONEN

Für die Pilzpfanne

- 500 g Champignons (alternativ andere Pilze)
- 1 EL Olivenöl
- 1 EL Butter
- 1 Zwiebel
- Salz
- Pfeffer
- 1 EL edelsüßes Paprikapulver
- 1 TL geräuchertes Paprikapulver (nach Belieben)
- 3 Zweige Thymian (nach Belieben)
- 1 Stange Weißbrot (z. B. Toast oder Ciabatta)

Für den Knoblauchdip

- 1 Knoblauchzehe
- ¼ Bund Schnittlauch
- 150 g Crème fraîche
- 1 TL Olivenöl
- 1 TL Aceto balsamico bianco

SO GEHT'S

1 Die Pilze putzen. Größere Pilze ggf. halbieren oder vierteln. Eine große Pfanne stark erhitzen, Öl und Butter hineingeben und die Pilze darin für 3 Minuten scharf anbraten.

2 Zwiebel schälen und in Würfel schneiden. Zu den Pilzen geben und weitere 2 Minuten mitbraten. Mit Salz, Pfeffer sowie Paprikapulver würzen.

3 Für den Dip den Knoblauch schälen und fein würfeln. Den Schnittlauch waschen, trocken schütteln und in Röllchen schneiden. In einer Schüssel mit den restlichen Zutaten vermischen. Den Dip mit den Pilzen auf einen Teller geben und mit Thymian garnieren.

4 Weißbrot ggf. in Scheiben schneiden, mit Olivenöl bestreichen und in der frei gewordenen Pfanne anrösten, bis es von beiden Seiten goldbraun ist. Mit den Pilzen servieren.

LE CREUSET

KICHERERBSEN-PFANNE

mit Tomate und Mozzarella

FÜR 2 PORTIONEN

- 2 kleine Zwiebeln (ca. 120 g)
- 2 Knoblauchzehen
- 250 g Kirschtomaten
- 1 Dose Kichererbsen (250 g Abtropfgewicht)
- 4 TL Olivenöl
- 40 g Tomatenmark
- 200 ml Gemüsebrühe
- 2 TL getrockneter Thymian (nach Belieben)
- 1 TL gemahlener Kreuzkümmel
- 4–6 Stängel glatte Petersilie (alternativ frischer Oregano)
- 8–10 Mini-Mozzarella
- Salz
- Pfeffer
- Chiliflocken

SO GEHT'S

1 Zwiebeln und Knoblauch schälen und hacken. Die Tomaten waschen und halbieren. Die Kichererbsen abgießen, abspülen und abtropfen lassen.

2 Die Zwiebel im Öl glasig andünsten, den Knoblauch kurz mitdünsten. Das Tomatenmark einrühren und unter Rühren anrösten, bis es duftet. Die Kichererbsen untermischen, die Brühe angießen und aufkochen. Tomaten, Thymian und Kreuzkümmel untermischen und das Ganze 10–15 Minuten köcheln, dabei gelegentlich umrühren und, falls nötig, etwas Brühe zugeben.

3 Inzwischen die Petersilie waschen, trocken schütteln und hacken. Den Mozzarella abgießen, trocken tupfen und halbieren.

4 Die Kichererbsen-Tomaten-Pfanne mit Salz, Pfeffer und Chiliflocken würzen. Den Mozzarella darauf verteilen, etwas salzen und zugedeckt bei geringer Hitze in 4–5 Minuten schmelzen lassen. Die Petersilie darüberstreuen und sofort servieren.

KLASSISCHE
Shakshuka

FÜR 4 PORTIONEN

- 1 kg Tomaten
- 1–2 Paprika
- 1 Zwiebel
- 1 Knoblauchzehe
- Öl zum Braten
- 1 TL gemahlener Kreuzkümmel
- ½ TL gemahlener Piment
- ½ TL gemahlene Koriandersamen
- 1 EL Tomatenmark
- 50 ml Gemüsebrühe
- Salz
- Pfeffer
- ½ Bund Koriandergrün
- 4 Eier (Größe M)

SO GEHT'S

1 Die Tomaten waschen, putzen und in Würfel schneiden. Paprika halbieren, putzen, waschen und in Streifen schneiden. Die Zwiebel und den Knoblauch schälen und ebenfalls klein schneiden.

2 In einer Pfanne etwas Öl erhitzen und Paprika, Zwiebel und den Knoblauch darin anschwitzen. Nun die Gewürze hinzufügen. Anschließend das Tomatenmark in die Pfanne geben, kurz umrühren, die Tomaten und die Brühe hinzugeben. Salzen und pfeffern und mit geschlossenem Deckel bei niedriger Hitze 15–20 Minuten köcheln lassen, dabei gelegentlich umrühren. In der Zwischenzeit den Koriander waschen, trocken schütteln und grob hacken.

3 Wenn das Gemüse eingekocht ist und eine cremige Konsistenz hat, kleine Mulden mit einem Löffel bilden, die Eier aufschlagen und in die Mulden hineingeben. Mit geschlossenem Deckel erneut ca. 7 Minuten bei niedriger Hitze ziehen lassen. Wenn das Eiweiß gestockt ist, die Pfanne mit dem frischen Koriander bestreuen und direkt servieren.

PANIERTER MOZZARELLA

mit Zwiebel-Trauben-Ragout

FÜR 2 PORTIONEN

Für das Ragout

- 2 rote Zwiebeln (je ca. 75 g)
- 200 g kernlose blaue Trauben
- 6–8 Zweige Thymian

Für den Mozzarella

- 4–6 TL Mehl
- 2 Eier (Größe M)
- 4 EL Semmelbrösel
- Salz
- Pfeffer
- 2 Kugeln Mozzarella (je ca. 125 g)

SO GEHT'S

1 Die Zwiebeln schälen und knapp 1 cm groß würfeln. Die Trauben waschen, trocken tupfen und halbieren. Den Thymian waschen, trocken schütteln und die Blättchen abzupfen. 3 Schälchen zum Panieren bereitstellen. In das erste Schälchen das Mehl geben, im zweite Schälchen das Ei mit einer Gabel verquirlen und in das dritte Schälchen das Paniermehl geben.

2 Die Zwiebeln in 2 TL Öl glasig andünsten. Die Trauben zugeben und unter Rühren etwa 4 Minuten weiterdünsten. Mit Salz und Pfeffer würzen, mit dem Thymian bestreuen und warm halten.

3 Inzwischen den Mozzarella quer halbieren, trocken tupfen und mit Salz und Pfeffer würzen. Zuerst im Mehl wenden, auch an den Seiten, dann durch das Ei ziehen und schließlich von allen Seiten fest ins Paniermehl drücken.

4 Das restliche Öl erhitzen. Die Mozzarellahälften darin bei mittlerer Hitze in 4–5 Minuten goldbraun braten, dabei öfter wenden. Heiß auf dem Zwiebel-Trauben-Ragout anrichten.

SÜSSKARTOFFEL-STAMPF

mit Blumenkohlsteak

FÜR 2 PORTIONEN

- 6 TL Olivenöl
- 1 Blumenkohls (ca. 700 g)
- Salz
- Pfeffer
- 2 Süßkartoffeln (je ca. 200 g)
- 2 EL geröstete und gesalzene Erdnusskerne
- 4 Stängel glatte Petersilie
- 50 g Doppelrahm-Frischkäse
- 4 TL gelbe Currypaste (Glas)
- Chiliflocken

SO GEHT'S

1 Den Ofen auf 180 °C (Umluft) vorheizen. Eine kleine ofenfeste Form mit 1 TL Olivenöl ausstreichen. Den Blumenkohl waschen und trocken tupfen, dann die Scheiben aus der Mitte schneiden. Nochmals trocken tupfen, in die Form legen, mit dem restlichen Öl beträufeln und mit Salz und Pfeffer würzen. Im heißen Ofen (Mitte) für 20–25 Minuten backen, zwischendurch einmal wenden. Die Blumenkohl-„Steaks“ sollen gar mit etwas Biss sein.

2 Inzwischen die Süßkartoffeln schälen, in ca. 3 cm große Stücke schneiden und in Salzwasser ca. 15 Minuten kochen. Die Erdnusskerne grob hacken. Die Petersilie waschen, trocken schütteln und fein hacken.

3 Die Süßkartoffeln abgießen und etwas ausdampfen lassen. Unter Zugabe von Frischkäse und Currypaste grob zerstampfen. Den Stampf auf einem Teller anrichten, etwas flach streichen und den Blumenkohl darauf anrichten. Mit Petersilie, Erdnüssen und Chiliflocken bestreuen und sofort servieren.

ZUCCHINI-FRITTATA

mit Parmesan

FÜR 2 PORTIONEN

- 4 Eier (Größe M)
- 80 g Doppelrahm-Frischkäse
- Salz
- Pfeffer
- Cayennepfeffer
- frisch geriebene Muskatnuss
- 2 kleine Zucchini (je ca. 100 g)
- 4 Stängel glatte Petersilie
- 4 TL Olivenöl
- 20 g Butter
- 40 g geriebener Parmesan
- Chiliflocken

SO GEHT'S

1 Eier und Frischkäse mit dem Schneebesen glatt rühren. Mit je 1 Prise Salz, Pfeffer, Cayennepfeffer und Muskatnuss würzen. Die Zucchini waschen, putzen und quer in 2 mm schmale Scheiben hobeln. Die Petersilie waschen, trocken schütteln und grob hacken.

2 Das Öl in einer Pfanne auf mittlerer Stufe erhitzen. Die Butter zugeben und schmelzen, bis sie schäumt. Die Zucchini zugeben und 2 Minuten sanft braten, dabei einmal wenden. Die Hitze etwas reduzieren, die Eiermasse auf die Zucchini gießen und 3–4 Minuten stocken lassen, dabei den Rand mit einem Silikonlöffel öfter anheben und die noch flüssige Eiermasse darunterfließen lassen.

3 Den Parmesan auf der Frittata verteilen. Den Herd ausschalten, den Deckel auflegen und den Parmesan in 2–3 Minuten schmelzen lassen. Die Frittata mit Petersilie und Chiliflocken bestreuen und sofort servieren.

CREMIGE *Käsespätzle*

FÜR 4 PORTIONEN

- Salz
- 2 EL Butter
- 2 EL Semmelbrösel
- 500 g Mehl
- 3 Eier (Größe M)
- frisch geriebene Muskatnuss
- 50 g Bergkäse
- 100 g Emmentaler
- 1 Bund Schnittlauch
- 50 g Butter
- 100 g Sahne
- 100 g Röstzwiebeln

SO GEHT'S

1 Einen großen Topf mit Salzwasser aufsetzen. Die Butter in einem separaten kleinen Topf zum Schmelzen bringen. Die Semmelbrösel hinzufügen und kurz in der Butter rösten. Den Topf beiseitestellen und etwas abkühlen lassen.

2 Mehl, Eier und 1 Prise Muskatnuss mit 250 ml Wasser in eine große Rührschüssel (oder eine Küchenmaschine) geben, die Butterbrösel hinzufügen und alles mit einem Kochlöffel 8–10 Minuten zu einem glatten Teig verrühren. Dabei schlagende Bewegungen machen, sodass viel Luft in den Teig kommt. Dann den Teig mithilfe eines Spätzle-Hobels ins kochende Wasser pressen. Schwimmen die Spätzle oben, können sie abgeschöpft werden.

3 Beide Käsesorten reiben. Den Schnittlauch waschen, trocken schütteln und in feine Röllchen schneiden. Die Butter in einer Pfanne schmelzen und die Spätzle kurz darin schwenken. Die Sahne hinzufügen und kurz zum Kochen bringen. Die Pfanne vom Herd nehmen, den geriebenen Käse hinzufügen und vorsichtig unterrühren, bis er geschmolzen ist. Die Spätzle mit Röstzwiebeln und Schnittlauchröllchen garnieren.

PIZZATOAST

mit Gemüse

FÜR 2 PORTIONEN

- 1 Zucchini
- 1 Paprika
- 1 Knoblauchzehe
- 2 EL Öl
- 2 EL Essig
- Salz
- Zucker
- 4 Scheiben Vollkorntoast
- 2–3 EL Tomatenmark
- 1 Kugel Mozzarella (ca. 125 g)
- Kräuter der Provence

SO GEHT'S

1 Den Ofen auf 180 °C (Ober-/Unterhitze) vorheizen. Zucchini waschen, putzen und in Scheiben schneiden. Paprika halbieren, putzen, waschen und in breite Streifen schneiden. Den Knoblauch schälen und in Scheiben schneiden.

2 Das Öl in einer Pfanne erhitzen und das Gemüse darin anbraten. Hat es etwas Farbe bekommen, mit dem Essig ablöschen und die Pfanne vom Herd nehmen. Je 1 Prise Salz und Zucker hinzufügen.

3 Die Toasts mit Tomatenmark bestreichen und mit dem Gemüse belegen. Den Mozzarella in Scheiben schneiden und auf den Toasts verteilen. Diese gehen nun für ca. 10 Minuten in den Ofen. Nach dem Herausnehmen mit Kräutern der Provence bestreuen.

BURRITO

mit bunter Füllung

FÜR 4 PORTIONEN

Für den Bärlauchreis

- 250 g Reis
- 1 großes Bund Bärlauch (alternativ Basilikum)
- Salz
- Pfeffer
- 150 ml Olivenöl

Für die Tortillas

- 400 g Mehl (Type 405)

Für den Dip

- 1 Dose weiße Bohnen (240 g Abtropfgewicht)
- 2 Knoblauchzehen
- Saft von 1 Limette
- ½ Bund frische Petersilie
- ½ TL gemahlener Kreuzkümmel

SO GEHT'S

1 Den Reis in 400 ml Wasser zum Kochen bringen und bei geringer Hitze mit geschlossenem Deckel quellen lassen. Bärlauch waschen, trocken schütteln und in einem Mixer mit den restlichen Zutaten ein Pesto herstellen.

2 Für die Weizenfladen Mehl und 1 Prise Salz mit ca. 250 ml Wasser zu einem Teig verrühren und 15 Minuten im Kühlschrank ruhen lassen. Anschließend zu dünnen Fladen ausrollen. In einer Grill- oder beschichteten Pfanne ohne Öl ausbacken.

3 Für den Dip die Bohnen abtropfen lassen. Knoblauch schälen, den Saft der Limette auspressen, Petersilie waschen, trocken schütteln und etwas klein hacken. Alle Zutaten für dne Dip im Standmixer oder mit einem Stabmixer pürieren.

4 Die einzelnen Komponenten auf den Weizenfladen verteilen und einrollen.

TIPP

Eine tolle Möglichkeit zur Resteverwertung: Die Füllung des Burritos lässt sich gut um klein geschnittene Gurken, Tomaten, Rucola, Zwiebeln oder gebratene Pilze erweitern.

GEMÜSEPUFFER

mit Schnittlauchquark

FÜR CA. 15 STÜCK

Für den Quark

- ½ Bund Schnittlauch
- 500 g Quark
- Salz
- Pfeffer

Für die Gemüsepuffer

- 2 Kartoffeln (ca. 350 g)
- 1 Zwiebel
- 1 Möhre
- 1 kleine Zucchini
- Salz
- Pfeffer
- gemahlene Muskatnuss
- 1 Ei (Größe M)
- 1 EL Speisestärke
- 1 EL Semmelbrösel
- Öl zum Braten

SO GEHT'S

1 Für den Quark den Schnittlauch waschen, trocken schütteln und in feine Röllchen schneiden. Den Quark mit Schnittlauch, Salz und Pfeffer vermengen und beiseitestellen.

2 Für die Gemüsepuffer die Kartoffeln und die Zwiebel schälen. Die Möhre und die Zucchini waschen und putzen. Das Gemüse nun mit einer Küchenmaschine oder einem Gemüsehobel reiben. Das Gemüse mit den übrigen Zutaten vermengen.

3 Eine Pfanne auf mittlerer Stufe erhitzen, etwas Öl hineingeben und die Puffer darin ausbacken. Ein gehäufter Esslöffel der Masse entspricht etwa einem Puffer. Gelegentlich wenden, bis sie goldbraun sind. Zusammen mit dem Quark servieren.

BANANE

vom Toaster

FÜR 2 PORTIONEN

- 2 Bananen
- 4 EL Schokostreusel
- Eis (nach Belieben)

SO GEHT'S

1 Die Bananen auf der Innenseite der Länge nach aufschneiden, dabei nicht durchschneiden, und etwas aufdrücken. Mit Schokoladenstreuseln befüllen und auf den Toaster legen. Zwei Durchläufe lang toasten, die Bananen können von unten ruhig schwarz werden.

2 Danach kann man sie mit Vanilleeis servieren und die cremige Banane mit der geschmolzenen Schokolade hervorragend aus der Schale löffeln.

TIPP

Im Sommer kann man diese Bananen auch super beim Grillen zubereiten. Diese kann man danach einfach in die heiße Glut stellen und nach ein paar Minuten als köstlichen Grillnachtisch genießen.

KNUSPRIGE
Süßkartoffelpommes

FÜR 2 PORTIONEN

Für die Pommes

- 2 große Süßkartoffeln
- 1,5 l Öl zum Frittieren
- 2 EL Speisestärke
- Salz
- ½ TL Paprikapulver
- Chilipulver
- Knoblauchpulver

Für die Chili-Mayo

- 2 EL Mayonnaise
- 2 EL Chilisauce (z. B. Sriracha)
- Saft von 1 Limette

SO GEHT'S

1 Süßkartoffeln schälen, der Länge nach halbieren, auf die flache Seite legen und längs in gleich breite Streifen schneiden. Diese wiederum zu Pommes schneiden. Die Stäbchen in einer Schüssel mit Wasser waschen. Wasser abgießen und den Prozess wiederholen. Dies spült die überschüssige Stärke ab. Sorgfältig abtrocknen, z. B. mit einem Küchentuch, da es sonst zu spritzendem Fett kommen kann.

2 Frittieröl in einen hohen Topf geben (dieser sollte etwa zu ein bis zwei Dritteln mit Öl gefüllt sein) und auf 140 °C erhitzen.

3 Pommes in einer Schale mit Stärke vermischen, überschüssige Stärke abklopfen und anschließend mit einer Kelle vorsichtig ins heiße Öl geben, ggf. in mehreren Schritten frittieren. Nach 2–3 Minuten aus dem Öl holen und auf Küchenpapier abtropfen lassen. Das Öl nun auf 170 °C erhitzen und die Pommes erneut für 2–3 Minuten darin frittieren.

4 Sobald die Pommes die gewünschte Farbe bekommen haben, aus dem Topf holen, auf einem Küchenpapier abtropfen lassen und überschüssiges Fett abtupfen. In eine Schüssel geben, kräftig salzen und mit Paprika-, Chili- und Knoblauchpulver würzen.

5 Für die Chili-Mayo die Mayonnaise mit der Chilisauce vermischen. Mit Limettensaft und Salz abschmecken.

HOT DOGS

mit Topping

FÜR 2 PORTIONEN

Für den Salat

- 1 Bio-Salatgurke
- 1 kleine Zwiebel
- 3 EL heller Essig
- 3 EL neutrales Öl
- Zucker
- Salz
- Pfeffer
- ½ TL gehackter Dill

Für die Hotdogs

- 4 Bockwürstchen (Glas)
- 4 Hotdog-Brötchen
- Ketchup
- Mayonnaise
- Senf

Außerdem

- 100 g Röstzwiebeln (nach Belieben)

SO GEHT'S

1 Die Gurke waschen und in feine Scheiben schneiden. Die Zwiebel schälen und in feine Würfel schneiden. Die Zwiebeln mit der Gurke vermengen und Essig, Öl, 1 Prise Zucker, je 1 Prise Salz und Pfeffer und den Dill hinzufügen und gut umrühren. Den Salat für ca. 10 Minuten durchziehen lassen.

2 Die Würstchen samt Flüssigkeit in einen Topf geben und erwärmen (nicht kochen, sonst platzen sie). Die Brötchen anschneiden (nicht ganz durchschneiden), auf den Toaster legen und toasten. Die Brötchen auf einer Seite mit Ketchup und auf der anderen Seite mit Mayonnaise bestreichen.

3 Die Würstchen in die Brötchen legen und Senf darübergeben. Mit Gurkensalat belegen und mit den Röstzwiebeln bestreuen.